JN440050

꽃이 되는 길

그루시선 111

꽃이 되는 길

김인강 시집

그루

| 시인의 말 |

화려함이 좋아 향기가 좋아
꽃을 심고 옆에 두고 싶었는데
어느 날
흙의 살을 만지고부터
나는 아주 작은 씨앗을 뿌리는
농부가 되었다
장미보다 민들레가 더 좋은 이유가 되었다

2024. 07.

김인강

차
례

제2부 꽃이 되는 길

제3부 빈집은 빈집이 아니다

제4부 길, 마음의 섬을 잇다

해설

제1부 보이지 않는 것들

풀꽃

길모퉁이 돌 틈 사이
소리 없이 핀 하얀 풀꽃
봄바람이 꽃 잔치를 벌이는 동안
무심한 곳에서 앙증맞은 꽃잎을 내밀었다

생각 없이 밟고 지나던 풀 한 포기
그도 꽃을 피우는 고귀한 생명이었음을
그냥 그 자리에 가만히 두는 일이
최상의 천국이었음을

구부려 앉아 좁쌀만 한 꽃을 보며
반짝이는 너의 눈망울에 속죄를 한다
아기 꽃으로 다가온 인연 무탈하기를
누구에게도 밟히지 말고 오늘 하루 생생하기를

정중동

뙤약볕 푹푹 찌는 열기에도
나뭇잎 살랑이는 여린 바람 있다
고요 속에서도 보이지 않는 것들의 미세한 움직임
초조한 마음의 소리 보듬으며 살며시 걸어온다

팔랑거리는 노랑나비 날갯짓이
얼마나 큰 움직임인지
얼핏 스친 댓잎 한 장의 흔들림이
얼마나 큰 울림인지

가만히 앉아 마음의 소리 따라가면
먼지 한 점 움직임도 느낄 수 있는 소리 들린다
고요한 마음이 적막을 스친다
바삐 움직이는 개미 한 마리 지축을 흔든다

동천석실洞天石室*

짊어진 고뇌 모두 풀고
하늘로 통하는 자리에 앉아
푸르게 단장한 세상을 내려다보네

땅에서 끌어 올린 생각들
도르래 굴려 보지만
어부의 삶을 노래한 심상을
따라갈 길이 없네

차바위에 퍼지는 향기
잿빛 구름도 머물고
멀리 보이는 부용동 숲엔
새들의 노랫소리 들리네

신선의 삶이 따로 없는
석실의 문을 열고
보이지 않는 임의 마음을 좇아
한없이 동천에 머물고 싶네

*보길도 산 중턱 절벽 위에 있는 한 칸 집의 조그만 정자

보이는 소리로 가는 중

백수를 앞두고 소리는 점점 세상과 이별하려 한다
무던히도 예민했던 속닥이는 소리, 그곳에서 점점 멀어지고 있다
꽃 피는 봄이면 남편 같은 막내아들 발걸음 소리에 귀 기울이고
비처럼 땀이 쏟아지는 날엔 소나기 같은 자식들 목소리 기다린다
살갗의 감각이 말라버린 날이면 땅 위에 내려앉은
어둠의 서걱거리는 소리까지 하루도 들리지 않는 날 없는
살아있는 전설의 소리들
그 소리 귓속에 담아 놓고 서서히 떠나려 하고 있다
아니, 떠나고 있는 중이다
아직 담을 게 더 많은 생의 흔들리는 소리들
보이는 소리가 눈가에 사락사락 울린다

숲의 내면

깊은 숲으로 들어갈수록
보지 못했던 나무들이 선명히 보인다
나무 하나하나의 생김새와 색깔
벌레 먹은 나뭇잎의 모양 부러진 가지
침엽수와 활엽수의 경쟁과 공존이 어우러져
아름다운 숲의 이름이 되기까지의 흔적

그들은 새들의 보금자리가 되었고
작은 곤충의 먹이도 되었으며
사나운 바람의 장난감도 되었다

멀리서 보는 모습으로 판단하지 말자
멀쩡한 나무들이 잘났다고 아부하지 말자
바람의 앞에서 막아 주고
자신을 희생해 먹이가 되어 준 고귀한 나무들을
먼저 들여다보며 쓰다듬어 주자

엇박자 같은 숲의 바람 소리 들리는 건
그들의 아픈 상처 지나갈 때라는 걸

가장 아름다운 흔적의 무늬 때문이라는 걸

뼈 없는 시

넓은 바다를 유영하던 지느러미의 활기찬 흔들림은
더 단단한 뼈를 만들기 위해 산소를 들이켜는 중

어둠 속에서도 따스한 흔적은 남아있어
고소한 흐늘거림이 목젖을 타고 내려온다
몸통인 뼈에서 분리된 살점 하나
바다에서 탈출한 순간부터 원하던 바는 아니었을 터
어쩌면 불행히도 아름답고 편안한 공간에서
감춰놓은 최상의 매력인 구수함을 알려줄 수 있는
마지막 기회에 만족하며 굴복했을까

살 한 점 한 점 발라내며 남겨진 뼈들의
아픈 눈물을 맛있게 먹은 밥 한 공기
접시 위에 널브러진 해체된 생명의 잔해를 보며
배부른 허함이 가시에 찔리고 또 찔리고

아이비

담쟁이들의 촉수가
차가운 땅을 헤엄치며
푸른 우주를 만들고 있다

쏟아붓는 햇살 등에 업고
보이지 않는 곳에서 영역을 넓혀가는
저 숭고한 세력들

위로 오르고 싶은 욕망 감추고
제식 훈련하는 신병처럼 질서 정연하게
앞으로 행진하고 있다

넓은 땅을 선택한 이들에게
벽은 없다
가장 낮은 곳으로부터의 자유
그곳에서 절망을 딛는 힘을 키운다
그곳이 가장 푸른 힘이다

추락하는 것

눈에 보이지 않는 작은 벌레 한 마리에
온몸을 점령당하고 간신히 걸려있는 감 홍시 하나
햇살과 바람 불러 모아
붉은 심장 만들기 위해 애쓰던 시간도 부질없이
팽팽한 긴장감으로 줄다리기하고 있다
아차 하면 가시 돋친 땅으로 떨어질 판
숨 막히는 사람의 마지막 몸부림처럼 축 처진 몸을
대롱대롱 매단 채 천상을 향해 간절히 매달린다
낙하와 오름의 사이
허공에 매달린 붉은 심장의 맥박은
더 버틸 수 없음을 직감하고 서서히 느려짐을 받아들인다
차마 바라볼 수 없는 무거움의 슬픔
떨어지고 소멸하는 것이 어디 너 하나뿐이더냐
흔들리고 움직이는 모든 것은 깊은 울림을 남기는 시간차일 뿐
속살 흩어지며 맨땅에 남겨진 너의 흔적에서
깊고 깊은 속울음의 인연을 헤아린다

깊은 강도 울음은 있다

콘트라베이스 같은 큰 울림통을
깊은 강에 묻어놓고
가끔 혼자만의 현을 켜던 아버지
산처럼 넓었던 가슴에도
보이지 않는 옹이 자국 여럿 있었다
살아온 마디마디 굳은살 되어
흔적으로 남을 때
그 속을 파고드는 어린 자식들의
웃음소리는 더 커져만 갔다

석양은 깊어지고
산허리 휘어질 즈음
깊은 속울음 한 번 삼킬 때마다
강에서 둥둥 소리가 난다
저 깊은 곳에서 우러나오는 풍성한 소리
참고 참았다가 터지는 울림이 큰 소리
그건 아버지의 넓은 가슴이 부르는
울음 같은 노래였다

백두산 천지

동토에 핀 꽃들이 지쳐 고개 숙일 때
맑은 햇살 아래 둥둥 떠 있는 얼음을
한여름은 두터운 정으로 안고 있다
그 깊이가 얼마만큼인지
그 높이가 어디까지인지 가늠할 수 없지만
향기로운 바람은 꽃잎을 흔들어 놓았다

천지의 반엔 고요가 깃들고
남은 반쪽엔 활기차게 웅성거리는 소리들
바람 따라 날아온 쓰라린 꽃잎
목청 돋운 노래에 화려한 춤사위
알록달록 천지를 둘러싼 사람 꽃엔
에둘러 밀려오는 아린 슬피 꽃

욕망의 블랙홀

광활한 은하계의 빛들이 들썩이는 밤
별 하나가 꿈틀거린다
검은 별은 어제 그 자리가 아니었다
발끝에서 머리끝까지
반짝이는 세포들을 툭툭 건드리며
휘젓고 찢으려 한다
요동치지 않으면 고요해지지 않는 기질
회오리를 몰고 와 자신의 수영에
걸림돌이 되는 것들을 빠뜨리고 있다
물살과 물살의 부딪침은
들리지 않는 비명 속에 블랙홀로 바뀌고
날마다 조금씩 불어나던 몸집은
욕망의 집착과 함께 블랙홀 속으로 들어간다
제가 파놓은 덫에 걸려 비명을 지른다
별빛 하나 꺼졌다
샛별이 뜨기까지의 찰나가 길다

봄

새 생명 솟아나는 잎들이
빈집 마루 끝까지 차올랐을 즈음
연둣빛 파릇한 기운이
개여울 흔들면서 오고 있다
뽀송뽀송한 아가 피부처럼
향긋하고 연한 산나물처럼
설레는 맛 가득 싣고
엉덩이 살랑이며 오고 있다

터널 끝에서 웃는 여인

밝은 그녀의 웃음 속에서 슬픈 눈동자를 보았네
동백보다 더 붉은 심연의 끝에서 흔들리는 바람꽃을 보았네
들키지 않으려 고개 돌려 슬쩍 훔치는 어두운 그림자
햇살에 들켜 버렸네

굴곡지게 살아온 날들 아직 끝나지 않음을 보았네
한줄기 빛을 찾아 터널 끝을 향해 열심히 달려가네
엎어지고 다시 일어나 걸어도 아직 먼 길
그 끈을 놓지 않고 있음을 햇살도 말없이 보고 있네

바람에 날리는 벚꽃처럼 한결 가벼워진 모습으로
오늘 그녀는 보이지 않는 슬픔을 잠시 흘렸네
나는 보지 못했네
꽃잎을 흔드는 바람의 날개만 보았을 뿐
다시 맑아진 그녀의 눈동자에서 라일락 향기만 느꼈을 뿐

노란 민들레

복사꽃의 따스한 보살핌 아래
노란 민들레는 오늘도 위를 보며
감사하다고 기도합니다
덕분에 맛있는 거름 먹고
편안한 자리에 앉아 걱정 없이 지낼 수 있다고

더 좋은 자리 꿈꾸며 떠난 친구들
화려한 도심으로 떠나 여기저기 헤매다
보도블록 사이에 집을 짓기도 하고
손가락 한 마디의 흙이라도 있으면
주저앉아 몸을 비집고 사는 친구도 있습니다
밟히고 짓이겨 숨도 쉴 수 없을 만큼
힘겹게 사는 친구들

한 뼘 땅도 맘 편한 이곳
냉이 씀바귀 친구들 모두 모여 함께 살아가는
우리들의 영토
노란 민들레는 오늘도 불 환히 밝힙니다
다시 돌아올 친구들을 기다리며

곁을 내어 주는 일

매호천 산책로를 걷다가
잠시 쉼터 의자에 걸터앉아
운동화 끈을 고쳐 맨다
어디선가 날아온 풀무치 한 마리
발등 위에 살며시 앉는다
빤히 바라보는 나에게
살짝 비튼 몸으로 윙크한다
앉지도 서지도 못해 고민하다가
오늘은 걷기를 멈추고
푹 쉬다 갈 때까지
나도 누군가의 쉼터가 되기로 했다
곁을 내어 주는 일
심장에 핀 붉은 꽃 하나 터트리는 일이다

등 굽은 소나무

서녘에 비친 긴 그림자에서
등 굽은 소나무를 만났다
앞만 보고 걸어온 평탄한 길에선
볼 수 없는 부드러운 곡선의 아름다움
긴 세월 비바람 맞으며 버티고 견딘
고난을 이겨낸 깊은 마음이다

고향 어머니 산소 뒷산에
오랫동안 든든히 지키고 있는 소나무도
몸 한 곳 어디쯤에서 슬쩍 굽혀주는 여유 있다
세월을 쌓는다는 건
날카로움보다 부드럽게 웃어주는 것
등 굽은 소나무의 아름다운 그림자처럼
그리움 길어지는 시간 만드는 것이다

묵언 수행 바위

이곳에 자리 튼 지 얼마나 되었을까
벌거벗은 몸으로 지나가는 사람들
엉덩이 받쳐주다 보니
반들반들 윤기까지 흐르지만
무게 버티는 일이 쉬운 일만은 아니었을 터
몸부림치며 들썩거리고 싶었을 거야

둘러싼 숲에서 들려오는
새소리 바람 소리 경전처럼 들으며
묵묵함으로 스스로를 달랬겠지
묵언 수행이 뭔지 몸으로 보여주며
하루도 빠짐없이 수련하고 있으니
내 너를 어찌 그냥 바위라 부를 수 있으랴
몸보다 더 단단히 뿌리내린 돌부처로 보이는걸

푸른 소나무가 되고 싶다던

어릴 적부터 소나무가 좋다던 아이
왜 좋으냐고 물으면
겨울에도 파래서 좋다고
가지 위에 핀 눈꽃이 예뻐서 더 좋다고
순수하게 웃던 해맑은 아이지만
반짝이는 눈빛 속에 가려진 슬픈 눈동자
부모의 그늘이 무엇인지 모르고
혼자서 비와 바람과 땡볕을 맞서던 지난날의 두려움
굳어진 살처럼 단단해진 가슴은
스스로 헤쳐 나갈 세상의 자양분이 되었다

어린 소나무가 성목이 되듯
그녀도 더 단단한 삶을 살아간다
자신도 누군가에게 소나무 눈꽃처럼
차가운 꽃이라도 되고 싶단다
사랑의 향기를 불어 넣어
따뜻한 세상을 만들고 싶단다
오늘,
그녀는 한창 피어나는 아이들 앞에 섰다

겨울과 봄 사이에 첫발을 디딘 교단
그늘 속에 쉬지 못하는 아이들을 위해
지치지 않는 푸른 소나무가 되겠다며
창밖에 보이는 목련꽃을 마음에 담아
소나무 위에 올리고 있다

제2부 꽃이 되는 길

풀

한여름 소나기에 지쳐있던 풀들이
빳빳하게 고개 들고 생기를 찾았네
하찮은 것들이 하찮지 않은 모습으로
푸른빛을 들어 올리네
저 낮은 잎들의 탱탱한 울림
저 대단한 눈물의 하얀 반짝임들

엄마의 바다

날카로운 바람 소리에도
허허 웃고
파도처럼 제멋대로 출렁대도
빙그레 웃고
바위처럼 꼼짝 않는 고집에도
기다리는 미소가 있다

물살 위를 가르는 소리에
아픔이 없었을까
후벼 파는 모진 소리에
생채기는 나지 않았을까
세차게 흔들리는 요동은
수면 아래 감추고
말없이 잔잔한 모습만 보인다

햇살에 반짝이는 물살처럼 아름답게 살라고
어둠을 비추는 등대처럼 지혜롭게 살라고

몸으로 말하다

작물도 씨앗을 품고
싹 틔울 시간이 필요한데
성질 급한 초보 농부
수시로 땅을 헤집는다

푸릇푸릇 몸을 키우는
감자잎이 제법 자라자
일주일에 한 뿌리씩 캐어
콩알만 한 알을 확인한다

보다 못한 이웃 할머니
“작물도 때가 되면 다 말을 하니더.
누러이 드러누워 몸으로 말을 하니더.
가만 놔두소”

꽃이 되는 길

꽃밭에 핀 잡초도
꽃망울 터트리면
예쁜 꽃이 된다네

잡초 속 붉은 꽃도
바람 불어 꽃 지면
벗어날 수 없는 잡초라네

돌밭에 서 있어도
벌 나비 부를 수 있는 건
향기 품은 뿌리의 깊은 내력이라네

어느 자리 서 있건
웃음소리 섞이면
그곳이 활짝 핀 꽃자리라네

오월의 꽃

담장 위 붉은 장미는 오월을 끌고
눈부신 햇살 속으로 당당히 걸어간다
나의 오월은
눈 깜짝할 새 지나가고
슬쩍 돌아본 한 번의 눈짓에서
저 멀리 수채화 되어 사라진다
가시에 찔린 혈마저도
꽃잎 속에 숨어 노래하는 시간
내 인생의 꽃도
담장 위에 곱게 앉아
저렇게 불탄 적 있었으리라
스스로 꽃인 줄도 모른 채 반짝였으리라

폭염

외로운 것들이 속을 감춘 채
꾸역꾸역 안으로 밀어 넣는 따가운 오후
터질 것 같은 심장을 움켜쥔
오색 꽃들의 향기는
화염 같은 뜨거움에 질려
고개를 떨군 채 벌벌 떨고 있다
살며시 걸어오는 바람 소리 반가워
몸을 들어 서러운 울음 울어보지만
구름을 몰고 올 자신 없는 바람도
못 본 척 슬쩍 지나쳐 간다
하루를 지탱하기 힘든 시간
말라비틀어지는 몸을 가누지 못해
모든 걸 놓아버리려 하는 가여운 푸른 것들
여물어 터진 씨앗 하나 남기고 싶은
붉은 꽃들의 마지막 몸부림이 처절하다

진달래

들판을 가로질러 매섭게 달려오는
바람의 등 뒤로 꽃 하나 피었다
먼 산에서 움튼 몽우리
해산하기까지 얼마나 급했는지
여기저기서 한꺼번에 툭툭 터졌다
바람의 부드러운 손길에 의지하며
부끄러움도 비명도 없이
확 터진 붉은 꽃무리
정신없이 뛰어다니던 산파의 고마움에
꽃은 술이 되고 춤이 되어
엷은 바람꽃을 낳았다

냉이

차가운 숨결 깊이 들이마시고
추위에 덜 녹은 붉은 얼굴 살포시 내밀 때
너도나도 달려와 사랑해 주던 기억 잊을 수 없습니다

그 순간은 오로지 화양연화 같은 시간입니다
서로 나를 데려가 데치고 무치고 끓여
황홀하게 식탁 위에 앉힙니다
향긋한 웃음과 맛있는 소리
으쓱해지는 어깨로 더 진한 향기 뿌렸습니다

따스한 온기 가득 머금은 날
내 몸도 열꽃이 피어 눈곱만한 꽃 하얗게 피워 올리면
그때부턴 아무도 아는 척하지 않습니다
도리어 하나의 잡초가 되어 사납게 뽑혀 나갑니다

꽃이 피는 순간 꽃으로 대접받지 못하는 삶
하얀 꽃 피어 가장 화려해야 할 시간
내 생도 끝이 나는 참 기구한 운명입니다

곶감

딱딱한 껍질 벗고 알몸으로
세상에 내걸릴 때
태양을 품었던 비밀이 드러날까
허리를 자르는 날카로움에
몸을 비틀며 반항했다

풋풋한 마음 부풀어 올라
붉어지는 가슴 들킬까 꼭꼭 숨겼는데
햇살과 바람의 손길에
속절없이 무너지고 말았다

딱딱한 몸속에 감추어진
말랑한 자존심을 지키는 일이
그대에게 보여줄 수 있는 최상의 선물
오늘도 허공에 걸려 꾸덕꾸덕 사랑을 말린다

유리컵

설거지를 하다가 아끼던 유리컵을 깼다
시원한 물로 가슴을 열어주던 얇은 잔 끝은
입술이 대일 때마다 짜릿함을 안겨주었고
손에 전해오던 투명한 촉감은
시스루처럼 감출 수 없는 사랑이었다

조각난 나의 사랑은 두려움이 되고
헤어지기 싫은 듯 보이지 않는
입자 하나가 살 속을 파고들었다
수년간 물만 채워주던 일이
너의 본분인 줄 알았는데
사랑도 진하면 비명이 인다
똑같이 생긴 유리컵 하나를 꺼내
안개에 싸인 붉은 장미를 꽂는다
물을 마실 때는 몰랐다
꽃을 품고서야 비로소 보인다
가시 돋친 뾰족한 모습이어도
너를 환히 보여줄 때 더 아름답게 빛난다는 걸

보이지 않는 사랑

거실에 누워 창 너머 보이는 하늘을 멍하니 바라보는데

쨍쨍한 햇살이 창을 뚫고 들어와 거실 한쪽 행운목 위에 앉았다

저 두꺼운 창을 아무런 무기도 없이

순식간에 뚫고 들어오는 햇살의 날카로움

흔적도 남기지 않고 쳐들어와 주인의 당황한 눈동자를 지나쳐

당당하게 내려앉는다

이 먼 거리의 햇살과 행운목의 조건 없는 사랑

따뜻한 온기 속에 숨겨진 저돌적이고 차가움의 냉정함

가로막은 창도 어쩔 도리 없이 슬그머니 물러서서 모른 척한다

눈에 보이는 사랑이 침묵하는 행운목의 사랑에 흔들린다

하늘도 잠시 커튼을 드리워 그들의 사랑을 가려주고

보이지 않는 사랑이 그 속에서 녹고 있는 초여름 한낮의 오후

새댁이라는 말

마음 한적한 오후
재래시장을 들러 천천히 눈요기를 하던 중
“새댁 이것 좀 사 가, 많이 줄게”
시든 열무를 작은 판 위에 얹어놓고
간절한 눈빛으로 손짓을 하고 있다
언뜻 보아도 눈길이 가지 않는 채소를
할머니는 직접 농사지었다며
듬성듬성 구멍 뚫린 잎 누런 열무를
벌써 비닐봉지에 담으려 한다
딱히 필요 없는 물건을 앞에 두고
외면할 수 없는 눈빛에 엉거주춤 자리에 앉았다
“아이고 새댁이 고맙대이”
자꾸만 귓전에 울리는 새댁이란 단어가
먼 기억의 초록빛을 데려와 웃음 짓게 한다
단어 하나에 활기를 되찾은 날
시든 열무가 다시 파릇파릇 살아나고 있다

풀잎들의 몸부림

—여공 김경숙

한 줌 햇살을 기대했던 풀들에게
무자비한 폭풍우를 퍼부었다
풀잎 하나가 온몸으로 맞서다가
꽃을 피우지 못하고 허공으로 밀쳐졌다
바닥에 남긴 낭자한 흔적
소리 소문 없이 치워졌지만
죽어서도 뿌린 한 톨 씨앗이
따뜻한 남쪽에서 들불처럼 번졌다
불의에 맞서는 작은 용기는
계란으로 바위를 쳐도 끄떡없던 일이
바람이 되어 바위를 갈랐다

싱크대에서

놋그릇을 짚으로 반짝반짝 닦아
제자리에 차곡차곡 쌓아 놓은 그릇을
엿가락과 무던히도 바꿔 먹었다
어머니 안 계실 시간이면 어김없이 찾아와
놋그릇을 가져오라던 엿장수 아저씨
그 손에 넘어간 놋그릇 수만큼 엿가락은 길어졌다
세월이 흘러 어머니께 이실직고하는 날
알면서도 모른 체 눈감아 주셨다며
빙긋이 웃으시던 어머니
소중한 마음의 그릇이 달콤한 엿가락과
바꾸며 사라질 때마다 어머니 마음 한구석엔
놋그릇의 푸른 때처럼 소리 없는 얼룩이 무수히 번
졌겠지
흐르는 물에 내가 아끼는 예쁜 그릇을 씻으며
싱크대에서 생각하는 놋그릇의 추억
어머니 뒷모습을 껴안으며 놋그릇을 닦고 있다

부동산 계약서

신문지에 불을 붙여 원통 아궁이에 넣고
종이 서류를 잡는 순간
한 사람의 인생이 눈에 띄었다
하얀 집에 문패를 걸고
언제 태어나서 어디에 살고 있는지
작고 소소한 일들이
살아온 날들의 일기장처럼 적혀있다

이 집을 짓기 위해 얼마나 오랜 시간 걸렸을까
일층 이층 몇 평의 방을 짓고
마당엔 어떤 나무와 돌들로 장식할지 고민하며
깨알 같은 삶의 부분들 놓치지 않고
가슴에 담아 놓은 그 주인장 삶의 전부
저 멀리 보르네오섬에서 넘어온 나무처럼
단단한 결로 지어진 집 한 채

아궁이에 넣기 전
손에 든 종이 서류 한 장에서
한 사람의 전부를 없애 버리는 것 같아

잡지도 보내지도 못한 채 눈물만 글썽인다
피땀 흘려 세운 종이 속에 세워진 집을
저 아궁이에 차마 넣지 못하고

검버섯

꽃향기 지천에 날리다
바위 위에 떨어져
씨 한 톨 뿌렸나 봅니다
습한 공기 빨아들이고
한줄기 햇볕에 의지해
긴 시간 마른 뿌리 내리며 사투하다
그림자 같은 꽃 하나 피워냈습니다

비록 향기 없는 꽃이지만
지나온 흔적 더듬을 수 있는
묵화 같은 꽃입니다
기다리지 않아도 오는 세월
비바람 불고 천둥 몰아쳐도
마른 꽃은 어머니 얼굴에
말없이 곱게 피어나더이다

낙동강

사람도 자신이 태어난 곳을 기억하며 살 듯
낙동강도 탄생지를 알고 싶을 게다
너덜샘이 원류인지 황지못이 원류인지 분분하지만
꼿꼿이 세운 돌비석엔
'낙동강 천삼백 리 예서부터 시작되다'
황지못에 당당히 쓰여 있구나

억겁의 세월 흘러오며 생명을 잉태하고
따뜻한 가슴으로 안아주었던 너
한때,
거센 소용돌이에 휘말려 주체할 수 없는 탁류와
썩은 악취에 몸살을 앓기도 했었지

아름다운 추억 깊은 한 서림으로 던져진 삶의 흔적들
가슴에 안고 흐르며 넌 무슨 생각을 했을까
긴긴 시간 흐르고 흘러도
아직도 천년을 더 흘러갈 낙동강은
어제와 오늘의 시간을 이어주는 역사의 길로
말없이 흘러만 가고 있구나

소나무 한의사

보고 싶은 마음 솟구쳐
함께 거닐던 공원을 찾는다

속으로 나지막이 부르는 소리
들리지 않는지 대답이 없다

눈가에 어린 이슬
뿌옇게 시야를 가릴 때

머리끝 뒤 목덜미
따끔거리며 찌른다

얇게 걸친 옷에 열나지 말라고
갈라진 목소리에 기침하지 말라고

하얀 수액 가득 안은 소나무
곳곳에 침을 놓는다

내리는 눈발 위로 사락사락

어머니 목소리 들린다

제3부 빈집은 빈집이 아니다

노을

꼬물꼬물한 일들
미련 갖지 말라고
소란스러웠던 일들
원망하지 말라고
너른 품 가득 안고
발갛게 세상을 덮는다

딱딱한 가슴에
노을 꽃, 환하게 피었다

은행잎

따스한 불빛이 그리운 저녁
터벅터벅 걷는 길에
발끝에 차이는 노란 은행잎
한 해 잘 살았노라 인사하며
어둠의 주위를 살핀다
마지막까지 누군가의 추억과 향수가 되고
등불처럼 온화한 빛이 되는 여유
자신을 내려놓을 때
한 잎의 낙엽처럼 누군가의
가슴에 스며들 수 있겠다
더 낮은 곳으로

햇살 나누기

생동감 있게 움직이는 농장엔
계절마다 온갖 생명들이 활기차게 움직인다
그 움직임의 끝에 가을 햇살 받으며 무럭무럭
크고 있는 배추와 무가 있다
이들이 마지막으로 갈무리되고 나면
허하게 비어있을 이 공간
그저 새들이 잠시 앉았다 날아갈 것이고
흔들 것도 없는 바람만 혼자서 놀다 갈 것이다
아무것도 없는 곳에 마음 넉넉한 햇살만이
대지의 깊은 상처 어루만지며
변함없이 따스하게 비출 것이다

저렇게 나누고도 남은 햇살을
누구에게 펴 줄 수는 없을까
정처 없이 떠도는 낙엽에게 줄까
안개에 싸인 새벽에게 줄까
아니, 젖어있는 사람들
눈이 젖고 마음이 젖은 사람에게 나눠 주면
움츠려 떨고 있는 어깨 조금은 펴지겠지

모두 햇볕에 내어 말려 뽀송뽀송해져
뽀얀 얼굴로 웃을 수 있도록

배추흰나비가 팔랑팔랑 춤추며 햇살 속으로 사라진다

깻잎 한 장

부드러운 그의 뒷면에는
싱싱하고 강한 까칠한 잎맥이 떡 버티고 있다

보여주는 모습이 전부가 아닌 듯
보이지 않는 힘으로 향을 더 깊이 저장하고 있다

핏줄 당기듯 팽팽한 잎맥이 부서지며 나오는 향기가
뜨거운 햇살을 몸 바쳐 끌어안은 열정이라는 걸

저 잎맥의 싱싱함을 내 안으로 들여와 꼭꼭 씹어보면
지쳐 쓰러진 나를 벌떡 일으켜 준다는 걸

굴비를 굽다가

굴비 여섯 마리를 프라이팬에 줄 세워 올려놓고
뜨거운 열기를 가한다
다닥다닥타닥 기름과 몸을 섞으며 내는 소리가
길고양이들의 울음처럼 가냘프고 날카롭다
저 소리는 비명일까 즐거움일까
노릇하게 조금씩 색깔을 변화시킬 때마다
자신의 모습을 잃어가지만
속마음과 생살을 보여주며
한 겹 옷을 입은 굴비는 더 우아해진다
알록달록 고명 장식을 달고
하얀 접시에 올라앉아 식탁의 주인공이 된다
젓가락에 찔리기 전 화려함의 극치이고 최고의 영광이다

나는 오늘 어떤 색과 모양의 옷을 입고 세상 위에 서야
저 굴비처럼 투명한 속과 진정한 모습이 될까
타닥타닥 길게 이어지는 웃음소리 만들 수 있을까

빈집

몇 년 만에 찾은 고향 빈집
철 대문이 녹슨 자물쇠 하나 걸고
화난 듯 무겁게 버티고 있다
자물쇠를 달래느라 열쇠를 끼워
이리저리 돌리며 그의 입을 겨우 열었다
앗, 어머니 발걸음 소리 바빴던 그곳에
주인 허락 없이 들어앉은 새 주인들
빤히 바라보는 시선들에 놀라 비명부터 지른다

마당 블록 틈으로
허리까지 차고 올라온 풀들이 점령하고
그 사이를 안주인처럼 요리조리 다니는
갈색 고양이 무리
마음대로 드나드는 요란한 바람과 기억의 그림자
한쪽 귀퉁이 화려하게 지어놓은 거미의 성
혼자 피고 지는 부추꽃 위로
너울너울 춤추는 흰나비 두 마리

주인 없는 집에 들어앉은 새 주인들의

여유로운 몸놀림에 기가 죽는다
눈치를 보느라 조심스레 한 걸음
안으로 들여놓으며 손님처럼 기웃거린다
다행히 기다렸다는 듯 길을 열어주며
그들만의 부산함으로 적막을 깬다

사람 발자국 소리 없어도
누군가에게 안식처가 된 생기 있는 움직임
그들이 있어 빈집은 빈집이 아니다
계절이 바뀌면 또 새로운 누군가가 와서
그들과 웅성거리는 가족이 될 것이다
비어있어서 더 충만할 수 있는 여유 가슴에 담고
녹슨 자물쇠에게 또다시 기다림의 미안함을 채운다

불면의 언어

불면 날아갈 것 같은 언어들이
나무 꼭대기에 걸터앉아 위태롭게 버티고 있습니다
가끔 휘청이며 거꾸로 매달리기도 하다가
술 취한 듯 앞말과 뒷말이 바뀌기도 합니다
지나는 자동차 심술궂게 꽥 소리 지르면
깜짝 놀라 아래로 데굴데굴 굴러 떨어집니다
무슨 말을 했는지 어디까지 했는지
말똥구리 구르듯 모두 구르다 보니
하나도 기억을 못합니다
주웠다 버렸다 나무에 앉혔다 강에 던지며
천둥벌거숭이처럼 휘젓고 다니는 언어
밤새 실컷 놀다 새벽달 뜨면
맨몸이 되어 창틈으로 살며시 빠져나갑니다
불면으로 지새운 언어들
후 불면 날아가는 바람 같은 조각이 되었습니다

몸살

둘둘 말고 있는 이불 밑은
살갗이 델 만큼 뜨거운데
지친 몸에 수액이 다 빠져 버린 듯
온몸은 얼음장이 되어 덜덜 떨고 있다
몸과 바닥 사이 그 어디쯤에서
사시나무 잎이 몹시도 흔들리고 있다
저 넓은 숲을 두고
왜 여기 와서 떨고 있을까
바람과 속삭이던 그 잎자루의 떨림이 아니다
유연하게 흔들리던 탄력 있는 나무가 아니다
굳은 가지 전체가 바람도 없는 이불 밑에서
사정없이 몸통을 흔든다
곧 무너져 내릴 것처럼

그냥 그렇게

하얀 구름이 오월 바람에 실려 와
생각 없이 있는 나에게 묻는다
“요즘 어떻게 지내세요?”

초록 바람에 마음 빼앗기고
들판에 색색이 핀 꽃 훔치고
방아다리 올린 고추에 기분이 어떠냐 묻고
노란 꽃 끝에 매달린 작은 오이에게
빨리 만나자 보채고
호박 가지 토마토에 목욕도 시켜주며
나의 속 얘기 들려주고
대숲에 숨은 까치들과 숨바꼭질하고
가끔은 세월의 빠름에 싸해 오는 가슴
어루만지는 노래도 들으면서
그냥 그렇게 지낸다고 했다

팔딱거리던 시간이 그리워
다시 꿈틀거려 보려는데
느리게 가라고 무거운 몸이 가르친다

열어놓은 농장 문으로
길고양이 살금살금 들어와 눈치 보고
내 마음은 살금살금 꽃향기 따라 나간다

풍경 소리

한여름 들꽃도 고개 숙인 적막한 날
바람이 찾아와 들려준 풍경의 노래
밥 먹던 다람쥐 깜짝 놀라 동그랗게 눈 뜨고
나무 끝에 졸던 까치 부부 귀 쫑긋 세운다
맑고 청아한 절간 풍경 소리는
텅 빈 가슴을 채워주는 사랑의 향기
말없이 찾아와 무심히 던져 주는 바람처럼
나도 오늘은 그대에게 그런 존재이고 싶다

접목

쇠칼로 내 몸을 베어내고
너를 받아들이기 위해
아린 고통 참으며 기다린다
잎사귀 푸르게 펄럭이는
청춘을 누리기도 전에
나를 누르는 법부터 배워야 했다
너와 한 몸이 되어
비닐로 꽁꽁 묶여졌을 때
운명은 정해졌다
생살 도려내는 고통을 겪으며
나의 전부를 바쳐 널 받아들이는 건
긴 한파 지난 후
짜릿한 봄날을 함께할 수 있다는
작은 기쁨 하나 때문

범어천

흘러라
신천의 젖줄이여
피어라
생명의 꽃이여
걸음마다 번지는 웃음소리
마르지 않는 희망의 물소리여
아팠던 상처 아물고 다시 피어난
추억의 놀이터여
꽃잎 터지는 소리에
가슴마다 아련히 젖을 사랑이여
곳곳에 퍼진 바람의 씨앗들
향기롭게 넘쳐날 푸른 노래여
물새들 춤추는 우리들의 범어천에
살아있는 소리들만 생생히 넘쳐흐르길

당신의 마음

달빛을 끌고 옵니다
너무 환해 볼 수가 없어
천천히 은은하게 열기로 했습니다
해 지기를 종일 기다리는 달맞이꽃도
달빛이 심장을 열어줍니다

빛의 그림자는 어둠
어둠의 그림자는 보이지 않는 마음입니다
그 마음은 태풍의 핵처럼 중심에 서서
바람을 지배합니다

손등으로 눈 위를 가립니다
작은 그림자가 이마에서 일어나
서서히 긴 나무의 다리를 건넙니다
저 달빛 환해지는 시간
이제 그대 마음의 문이 열릴 시간입니다

금요일

금요일은 나를 건드리지 마세요
달팽이처럼 무거운 등짐 지고
빠르게 쳇바퀴 굴리던 날들이
멈추어 가는 시간이에요
이 시간만 잘 버티고 나면
입 찢어지도록 하품도 하고
숨도 크게 쉬며
생명의 냄새를 맡는 날이에요
구둣발 닳도록 달리고
바퀴 바닥이 매끄럽도록 굴려 가며
이날을 기다렸어요
오롯이 혼자의 시간을 즐겨야 해요
슬픈 노래에 춤을 추고
상큼한 와인 한 잔으로 머리를 적셔야 해요
분위기가 붉게 무르익으면
눈을 감고 죽은 듯이 자야 해요
그래야 살아있는 날 발견할 수 있거든요
이 하루는 나에게 최상의 선물이에요
쳇바퀴가 서서히 멈추어 주는 희망과

땅 위로 내려올 수 있는 신의 영역 같은 날
그러니 금요일은 나를 건드리지 마세요
꽁꽁 얼려 냉동실에 가두어 두는 날이에요

밤길

거리에 뒹굴던 낙엽도 바람 꼬리 잡고
줄지어 떠나는 어둠 짙어지는 밤
갈 곳 잃은 자들이 거리를 헤매고 있다
마지막 버스 안에는
지쳐 눈 감은 얼굴들 스쳐 지나가고
길냥이 애달픈 소리는
교회 끝에 반짝이는
붉은 십자가에 부딪혀 흩어진다
가라앉는 무게의 소리
어느 가난한 연인의 거친 호흡이
골목길로 숨어 들어간다
겹겹이 쌓여 팽창했던 하루가
바람 빠진 풍선처럼 늘어지는 밤
껴안았던 일들이 창가에 파닥이는
한마리 나방이 되어
어둠이 접히는 곳으로 스러진다

부레옥잠

푸른 몸에 풋풋한 붓 한 자루 달고
흐르는 물 위에 고고히 떠 있다

바람이 물살의 옷깃을 당기자
붓털은 출렁출렁 자맥질하며
앞으로 뒤로 옆으로 위로
혼신의 힘을 다해 그림을 그린다

끝없이 이어지는 물의 땅
지친 몸으로 붓대가 퉁퉁 부을 때까지
휘적이고 갈긴다
물 위에 떠 있는 삶은 이제 그만

허공을 뚫던 햇빛의 손길에
꽃들의 그림자 맑게 비치고
붓끝으로 밀어 올린 보라꽃이
땅 위에 뿌리내리고 싶은 소망으로 총총 피어난다

느린 우체통

경산 남매지에 가면
빨간 우체통 두 개가 나란히 있습니다
키 작은 우체통은
사랑을 빨리 전하고 싶은 성질 급한 우체통입니다
덩치만큼 큰 우체통은
묵묵히 사랑을 익혀서 보내는 중입니다

느린 우체통은
남매지 물안개가 피어오르는 동안
사랑을 속삭이는 시간을
못 본 척 비켜서서 기다려줍니다
날은 기울어 서산에 노을이 져도 급한 건 없습니다
내일 다시 해가 뜨는 진리
살아가는 일 다 그렇다며
기쁘고 즐거우면 그 추억 오래 간직하라고
슬프고 힘겨울 땐 잠시 쉬어 가라고
느린 우체통은 여유롭게 감정을 삭이고 있습니다

비누

종일 돌아다니며 묻혀 온 먼지들을
검은 거품을 내며 닦아주는 너는
빈곤한 삶을 이어가는 수도자의 모습
점점 향기를 잃어가고 제 몸이 조금씩 닳아 없어져도
언제나 잃지 않는 초연함

굳었다고 섣불리 밀어내지 말자
기름에 부은 뜨거움 참고 버티며
서서히 제 형태를 만들지 않았던가
딱딱함이 오랜 시간 자신을 단단하게 만들어 온 증표
더 많이 나누고 싶은 내색 않는 묵묵함
한 생이 끝나갈 즈음
미련 없이 버려지는 작은 조각의 삶일지라도
수많은 거품으로 희생한 그 모습 잊지 말자

제4부 길, 마음의 섬을 잇다

첫눈

뒤돌아본 그곳에
하얀 마음 웃고 있다
애태우며 기다리는 나에게
잊었던 첫사랑 그리움으로
눈바람 맞으며 천천히 오고 있다
반가움에 다가가면 달아나고
멈추어 기다리면 손끝에서 사라진다
적당한 거리에서
적당한 사랑으로
적당히 눈물처럼
그렇게 첫눈은 오고 있다

금 간 저녁

한옥 벽돌담에 금이 갔다
오래 방치된 고향 빈집
금 간 담은 무거운 몸으로
경계를 지키려 사력을 다해 버티고 서 있다

마당 낙엽을 정갈하게 쓸던
어머니의 발뒤꿈치에도 금이 가고
툇마루에 걸터앉아
누군가 기다리던 소녀에게도
빗자루 같은 가는 실금 하나 있었다

곳곳에 금 간 흔적이 담벼락 위에 앉아
내 가슴을 주욱 긁고 지나간다

선택

가을이라 하기엔 햇살 두텁고
여름이라 하기엔 저녁 바람 서늘한 시간
이 계절을 무어라 불러야 하는지요
요란하고 화려하게 떠돌던 언어도
매미처럼 공중에서 춤을 추다가
해 질 녘 노을을 향해 조용히 날아갑니다
낮과 밤의 향연에 더 깊은 여운 찾지 못해
여우처럼 긴 꼬리 늘여도 보지만
앞으로만 가는 길이 아득하기만 합니다
갈림길에 서면
더 믿음이 가는 길이 있다지만
다시 오지 않을 이 시간의 길을
무엇이라 선택하고 불러야 할까요

동태

꽁꽁 언 몸으로 얼음 속에 갇혀
숨죽이고 있던 또 하나의 생명이
무자비하게 댕강 토막이 났다

근육 불끈한 남자의 고무장갑 낀 손
아이스박스에 갇힌 수많은 눈동자가
두려움을 안고 뚫어지게 보고 있다

눈발에 흩날리는 눈동자의 떨림은 무죄
허공에 던져진 칼날의 번쩍임에
피 한 방울 토하지 못하고 무너진 척추의 자존심

세상을 녹이는 동태가 바글바글
참았던 울음을 토하며 발갛게 제 몸을 녹이고 있다

각

각 잡힌 구조와 배치가 익숙해져 무덤덤해질 때
모서리에 폐부를 찔리는 느낌을 받는다
나를 둘러싼 공간은 모두 사각으로 이루어져
딱딱 떨어지는 각 잡힌 물건들로 채워져 있다
거실이며 방은 모두 칼날 같은 모서리를 두고
일정하게 늘어서 있고
티브이 식탁 책상 액자 책장의 책들 모두
한 성질 하듯 깍듯이 제자리에 각을 잡고 있다

어릴 적 모서리에 이마를 받혀 다쳤던 기억이
타임머신을 타고 계단을 굴러 내려온다
상처가 아물고 또 새로운 상처가 생기고
창 너머 보이는 파란 하늘에 마음을 달래던 일이
모두 모서리에 찔려 생긴 상처의 흔적
나는 이 각진 공간에서 얼마의 시간을 갈고닦아야
경계 없는 저 하얀 낮달처럼 부드러워질까

내가 보지 못하는 동안 제 살을 깎고 있는
사각 물건들도 날카로웠던 곳이 닳고 닳아

내 마음보다 먼저 부드러워지고 있다
각각까깎깍깍 각의 울음소리 커지면서

겨울비 소리

주룩주룩 눈물처럼 흐르는 소리
옛 기억 부서져 내려앉는 소리
서걱거리는 소리 지우는 소리
상처 난 빗금 어루만지는 소리
따뜻한 난로처럼 녹아내리는 소리
누군가 보고 싶을 때 나를 톡 쏘는 소리

그 소리 모두 모아 차분한 음악이 되는,
겨울비 내리는 소리가 듣고 싶다

잠시 교감

큰 날개를 펴고 자유롭게 비행을 하던 새 한 마리
고가 도로 난간 위에 내려앉는다
한낮의 뜨거운 열기를 피해 잠시 쉬어 가는 정거장인 듯
부리를 흔들며 이리저리 주위를 살핀다
산책을 하다 벤치에 앉아 흐르는 물소리에 마음을 싣던 중
나도 홀로 저 새도 홀로
서로에게 빠지듯 교감을 나누며 빤히 바라보는 시선
한참을 앉았다가 큰 새는 다시 날개를 활짝 펴고
시선 한 번 주지 않고 휙 날아가 버린다
아무 일 없다는 듯 무심히 떠나는 한 마리 새에게
잠시 만나 의지했던 동지 같은 나의 마음을 들켜버리고
아쉬움만 남은 외로움의 흔적을 보고 있다

살아있는 밤

눈을 감으면 스펙트럼처럼 나타나는
자동차들의 줄지은 불꽃 행렬
긴 담장 위 잠 못 드는 장미 울음
혼자 놀고 있는 달의 장난스러운 눈길

밤이 잠들지 않고 살아 움직인다
갇힌 둘레를 탈출할 수 있는 건
같은 생각과 같은 입장의 특권
외로움은 혼자만의 것이 아니다

달이 아무리 붉어도 차가운 마음 감출 수 없고
장미가 제아무리 예뻐도 가시를 버릴 수 없듯이
꿈꾸고 싶어 눈을 감아도 눈 뜬 채 꿈을 꾸는
살아있는 밤과의 행복한 전쟁

나비와 달팽이

가볍게 훨훨 날던 노랑나비 한 마리
꽃도 없는 상춧잎에 살짝 내려앉는다
새벽이슬 먹던 달팽이
겁먹은 듯 몸 안으로 숨어들어 눈만 깜박인다

얇은 나비의 날갯짓은
앉은자리가 꽃자리 되는 마법의 날갯짓
무거운 등짐 지고 엉금엉금 기어 다니는 달팽이는
푸른 똥을 쌀 수 있는 상추 한 포기가 세상의 전부

무엇을 쥐려고 움켜잡은 주먹을 펼치면
팔랑 날아가는 나비 한 마리
나는 지금 저들처럼 무겁게 가벼울 수 있을까
빈주먹 움켜쥐며 놓칠까 엎드리는 건 아닐까

마음의 섬을 잇다

마음에 섬 하나 있습니다
사계절 지지 않는 꽃과 나무가 어우러진 곳
새들의 노래와 온갖 생명이 숨 쉬며 놀고 있는 곳
사랑이 넘치고 꽃들이 춤추고
손에 손잡고 뛰어노는 아이들
섬 한가운데 앉아 그 향기에 한참을 취해 봅니다

아득한 그리움에 말라버린 눈물 한 방울 떨어질 때
가슴에 저민 바람 잠재워 주는 곳
아무도 모르는 나만의 안식처로 향합니다
그 비밀스러운 곳에 들어서면 입구에서 두 팔 벌려
환하게 웃으시는 꽃섬의 주인이 있습니다
메마른 가슴에 불을 지펴 주고
눈물방울도 이슬 꽃으로 바꿔주는 마법의 섬입니다

이제 나만이 간직한 섬을
나를 찾아올 수 있는 섬으로 길을 엽니다
사계절 피는 붉은 꽃 옆에서
나비처럼 자유로운 몸짓을 위해

마음껏 문 열고 들어오게 하렵니다
깡충거리는 토끼 팔딱거리는 개구리 데리고
마음이 엮어 놓은 섬에서
구석구석 신나게 뛰어놀 수 있도록
작은 꽃 한 송이 토끼풀 옆에 심습니다
어머니 미소가 섬 한가운데 있듯
나 또한 아이들의 섬 한가운데 있도록
더 넓고 안락한 섬을 가꾸고 또 가꿉니다

멍울 꽃

꽃보다 더 예쁜 아가 꽃을
매일 눈으로 향기를 맡고 두 손으로 보듬으며
꽃이 피는지 바람이 부는지 느낄 겨를도 없이
부산하고 행복한 시간

하얀 이 드러내며 까르르 웃는 소리 들으면
세상 시름은 어디에도 없다
귀여운 재롱을 떨다 부끄러운 듯 달려와 안기면
풋풋한 젖내 같은 향기에 정신을 잃는다

보석처럼 빛나는 손자 꽃을 주인에게 넘겨주는 날
그 꽃을 기억하라는 듯 입술에 멍울 꽃이 피었다
엄마 품에 안겨 자지러지는 웃음꽃 위로
내 입술도 그만 확 터지고 말았다

상사화

노을이 붉어 서러운 저녁
고개 숙인 꽃은 잃어버린 잎새를 생각한다
멀리서 들려오는 스치는 바람 소리
푸른 옷 입은 임 발자국 소리일까
가슴을 펴고 귀를 기울인다

네가 가야만
내가 올 수 있고
비껴가야 서로가 살 수 있는
가슴 아린 인연
붉은 심장 주고 떠난 임의 고운 사랑에
빨갛게 불태우는 열꽃

오늘 밤
깊은 인연의 그리움 찾아
보이지 않는 그곳으로 들어가 숙명을 거부한다
아무도 모르는 꽃과 잎의 비밀스런 만남
땅속뿌리에서 불꽃 같은 사랑이 터진다

그리워 찾아온 길

오다가다 만난 물길
그냥 조용한 줄 알았는데
바사삭 부딪히는 어깨들
스치는 손짓인 줄 알았는데

푸른 하늘 흐르는 흰 구름
수양버들 춤추는 개울가 물소리
그냥 온 게 아니었네

서로를 그리며 못다 핀 다정
먼 길 돌아 돌아 복사꽃처럼
얼굴 붉히며 온 것이라네

찰나

떠나기 싫은 가을의 끝과 재촉하는 초겨울 사이
그 찰나의 황홀함을 보셨습니까
눈부신 햇살 아래 비처럼 떨어지는 나뭇잎의
마지막 연주를 들어보셨습니까
차바퀴에 뒹굴려 흩날리고 모이는
환상적인 공중 곡예를 보셨습니까
다가올 계절을 걱정하지 않는
현재의 아름다움을 온몸으로 나타내는
행위 예술의 춤사위
한 생을 누군가의 가슴을 울리고
유유히 떠나가는 자유로운 영혼의 마지막 모습
서러움이 빚어낸 아름다움의 절정입니다

맨발의 순례길

언 땅이 몸을 부풀리며 일어나는 4월
생명의 산으로 들어가기 위해
천을산* 입구에서 통과의례인 신발을 벗는다
경건하게 앉은 땅에 차가운 키스를 하고
첫발을 문 안으로 들이민다
겨우내 몸을 삭힌 솔가지들은
기꺼이 엎드려 제 몸을 내어주고
갓 피어난 생명이 줄지어 빈 몸으로 일어선다
맨발로 자박자박 디디는 발바닥은
시원한 땅의 기온을 온전히 받아들이고
바람의 숨소리는 향기롭게 가슴을 적신다

발바닥에 흙을 묻히며 피어나는 진달래
조용조용 함께 걸어주는 비둘기 한 쌍
복사꽃 싸리꽃 광대나물꽃 그리고
돌 틈에 낀 이끼까지 성자의 행진처럼
가는 길을 환하게 열어준다
저물고 비우고 또다시 태어나고
서로에게 예를 갖추는 이 산속 가족들

발끝에서 전해 오는 촉촉한 상쾌함이
성수처럼 몸을 뚫고 머리까지 차올라
나도 한 그루 푸른 나무가 된다
아무것도 걸치지 않은 자만이 들어올 수 있는
이곳에서 내 몸 한구석에도 씨앗 하나 터져
향기로 피어나길 기원하며 순례자처럼
걷고 또 걷는다
성스러운 숲의 경전에 신발을 바치고

* 대구시 수성구 천을로 49에 위치한 낮은 야산(156m)으로, 정상엔 각종 헬스 기구가 설치되어 있으며, 근래에는 맨발 걷기 명소로 부상하고 있다. 매년 수성구의 해돋이 행사가 해맞이 동산에서 열리고 있다.

감感

까치밥으로 남겨둔 감이
가지 끝에 위태롭게 달려
물렁해진 몸에 균형을 잃고
툭, 떨어졌다

나의 삶도 점점 감을 잃어간다
음식을 하면 짠맛이 나고
고슬했던 밥은 진밥이 되기도 한다
더듬이처럼 감으로 하던 일들이
중심을 잃는다

붉은 감이 익어가는 것도
빛깔의 감이 정해주는 것
삶도 감이 있어야
제대로 익은 감이 된다
감으로 상태를 알고 감으로 이해한다
뭐라 딱 부러지게 말 못하는
감들이 홍시처럼 물렁해지지만
그 안엔 가장 단맛 나는 햇살이 녹아있다

손바닥

클렌징을 손바닥에 짜서 두 손으로
얼굴을 문지른다
원을 그리며 마찰되는 부드러운 느낌
물을 받아 헹궈주면 말갛게 변하는
신비로운 손의 마술
세상을 집고 건반의 물살을 두드리고
비의 촉감을 느끼는 일들이 모두
미세하게 얽힌 손금들의 출렁임
그들을 받쳐주는 마디마디의 지렛대는
하루를 시작하는 삶의 원동력

밀려오는 햇살의 속살을 쓰다듬으며
안으로 모으는 일에 하루를 쏟고 나면
손금의 뿌리를 안고 피었던 빨간 꽃이
하얀 거품을 안고 몽실몽실 떨어지고 있다

해설 길과 마음의 소리와 꽃빛

| 해설 |

길과 마음의 소리와 꽃빛

김상환(시인)

1.

서정시의 네 가지 범주로 우리는 곧잘 자연과 은유, 리듬과 영혼을 지목한다. 이들 넷이 어떻게, 얼마나 적절한 조화를 이루는지 여부에 따라 시의 성패가, 아름다움과 윤리의 시학이 실현된다. 주지하는 대로 시는, 자연의 모방이고 형상이다. 하지만 자연과 자아, 사물과 마음의 상호 작용에 있어 "자연은 호명할 수 없는 말이며, 궁극의 표현이다."(自然者, 無稱之言, 窮極之辭也, 노자 25장, 왕필 주) 알 수 없고 말할 수 없는 퓌지스physis로서 자연과 생명, 생기Er-eignis는 인간이 근본적으로 거주해야 할 바탕이다. "수수께끼, 원형, 접힌 질서, 무, 혼돈으로도 명명되는 자연은 경계에 산다. 경계에서 감응이 일어나고,

감응이 일어나야 생성이 가능하다. 감응하기 위해서는 존재의 경계로 나아가야 한다. 경계로서 시는 물이 언덕에 제際한 것과 같다. 천지가 명사적 자연이라면, 마음은 생성하는 힘으로서 동사적 자연을 함의한다."(이성희, 「무의 들녘에서 만난 매화」) 이 동사적 자연의 언어와 세계, 혹은 자연과 인(간)사에 대한 이치와 흥취가 김인강의 이번 시집 『꽃이 되는 길』의 전경과 배경으로 작용한다. 시인은 농부의 다른 이름이다. 농부農夫의 '농農'은 '노래曲'와 '별辰'의 합성어, 즉 별을 노래하는 마음이다. 해와 달이 만나 서로를 기리는 밤하늘의 뭇별과 새벽빛은 얼마나 아름답고 신비로운 일인가. 그러나 그 밤과 낮 사이엔 또 얼마나 많은 고통과 상처가 숨어 있는가. 노래와 현존재의 시간을 우리는 그저 그렇게 건너갈 따름이다. 자서("화려함이 좋아 향기가 좋아 / 꽃을 심고 옆에 두고 싶었는데 / 어느 날 / 흙의 살을 만지고부터 / 나는 아주 작은 씨앗을 뿌리는 / 농부가 되었다 / 장미보다 민들레가 더 좋은 이유가 되었다")에는 과정과 생성(~되기)의 말이 특징적으로 드러나 있다. 누군가의 꿈과 쉼터가 되어주고, 화려한 장미보다 수수한 민들레에 마음의 영토를 내어 주는 일이 그녀의 시와 삶의 이유라면, 그 마음의 표층과 심층 사이 자연과 사물, 생명은 무엇인가, 왜인가? 아래 등단작을 먼저 보자.

2.

쌀쌀한 어느 가을날
한적한 시골길을 달리다
우연히 차를 세운 건너편에 시선이 머문다
햇볕 내리쬐는 양지바른 곳
누런 소들과 수십 마리의 흑염소
한가롭게 풀을 뜯으며 즐거이 노닐고
토종닭 가족들 하얀 오리와 어울려 쫄래쫄래 술래잡기한다

정겨운 풍경을
멀거니 바라보다 시선이 고정된 곳
동물들의 발이다
네발과 두 발로 사는 동물들의 공통점은
모두 신발을 신지 않는다는 것이다
빈손과 맨발인 것이다

킬리만자로에 표범이 맨발로 그 높은 곳까지
무엇 때문에 어떻게 올라갔을까
정말 제 발로 오르긴 한 걸까
가만히 내 발을 내려다보았다
삭막한 도시 그림을 연출하는 두 발들의
한 치 양보 없는 싸움에서
모든 것을 잃어버릴지도 모른다는 생각이 든다

인식할 수 없으니 비어 있을 수밖에 없는
네발 생명들의 한가로움을 보며
늘 무엇엔가 쫓기듯 살아가는 일상에서
옭아매고 있던 굴레의 느슨한 틈 속으로
잠시 나를 밀어 넣어 본다

—「맨발」 전문

2006년 봄호《사람의문학》데뷔작인 이 시에서 중요한 것은 '나'의 시선이다. 그것은 우연한 마주침의 사건으로서, 자연과 생명의 발견이다. 자연의 세계는 소와 흑염소, 토종닭과 오리 등 날것들이 살아 숨 쉬는 공간이다. 서로의 힘이 되고 벗이 되어 노니는 저들의 가을은 결코 외롭거나 슬프지 않다. 술래잡기의 가을은 서로가 서로를 감추고 드러낸다. 정겨운 풍경이 아닐 수 없다. 문득, '나'의 시선은 짐승들의 발에 머문다. 호모 에렉투스Homo erectus로서 인간에겐 신이 필요하다. 그런고로 우리는 하늘을 바라보고 꿈꿀 수 있지만, 네발의 애니멀animal에게는 신이 필요치 않다. 맨발에다, 그 무엇도 손에 들려 있지 않다. 빈손과 맨발의 표범이 킬리만자로의 설산을 오른 것은 온전히 비어 있기 때문이다, 오늘날 찬란한 문명을 이룩한 호모 사피엔스들은 온갖 미망迷妄의 것들로 무수히 덧씌워져 있어 경쟁과 승리의 삶을 날이면 날마다 염원한다. 그들은 모든 것을 얻고자 하나, 기실은 "모든 것을 잃어버"린 상태. 자연을 무대로 살아가는 동물에게 무욕無欲의 '관기묘觀其妙'가 있다면, 유욕有欲의 인간은 '관기요觀其徼'로서 지향과 경계의 삶을 살아간다. 그 묘요妙徼와 유무有無는 서로 대척점에 놓이면서도 넘나드는 법이다. 자연과 생명의 아름다움과 힘은 바로 거기에 있다. 「맨발의 순례길」도 그 연장선에 놓이며, 이는 보다 진전되고 주제가 심화되어 있는 형국이다. 빈손과 맨발의 순례자 시인은, 비둘기는 물론 복사꽃·싸리꽃·광대나물꽃·이끼 등 갖은 자연 식물에 대해 성자의 칭호를 부여한다. 성성聖性을 지닌 숲(의 내면)은 또 하나의 경전이며, 그 숲과 꽃에 이르는 길, 맨발로 걷는 길에선 모든 것을 내려놓아야 한다. 그리고 '나'는 "몸 한구석에도 씨앗 하나 터져 / 향기로" 피어날 것을 간절히 염원한다. "좁쌀만 한 꽃"이거나 "돌 틈 사이"로 핀 풀꽃이 시인에겐 또 다른 눈이자 마음이며, "고귀한 생명"(「풀꽃」)이다. 그것은

가장 낮은 곳으로부터의 자유
그곳에서 절망을 딛는 힘을 키운다
그곳이 가장 푸른 힘이다

(「아이비」)

저 잎맥의 싱싱함을 내 안으로 들여와 꼭꼭 씹어보면

지쳐 쓰러진 나를 벌떡 일으켜 준다는 걸

(「깻잎 한 장」)

곳곳에 퍼진 바람의 씨앗들
향기롭게 넘쳐날 푸른 노래여
물새들 춤추는 우리들의 범어천에
살아있는 소리들만 생생히 넘쳐흐르길

(「범어천」)

마음에 섬 하나 있습니다
사계절 지지 않는 꽃과 나무가 어우러진 곳
새들의 노래와 온갖 생명이 숨 쉬며 놀고 있는 곳
사랑이 넘치고 꽃들이 춤추고
손에 손잡고 뛰어노는 아이들
섬 한가운데 앉아 그 향기에 한참을 취해 봅니다

(「마음의 섬을 잇다」)

등에서도 새삼 확인된다. 가장 푸른 힘으로서 '아이비'는 행운과 사랑을 꽃말로 하고 있으며, 늘 푸른 덩굴나무다. 그 푸른 생명의 힘이 '내' 안으로 들어오기만 하면, 지쳐 쓰러진 '나'는 자리에서 금방 일어나게 된다. 생명의 바람, 생명의 씨앗은 향기와 노래와 춤, 물고기처럼 살아있는 개체로서 머물지 못할 곳이 없다. "한여름 소나기에 지쳐있던 풀들이 / 빳빳하게 고개 들고 생기를 찾"으며, "저 낮은 잎들의 탱탱한 울림 / 저 대단한 눈물의 하얀 반짝임들"(「풀」)로서, 풀은 살아있다. 생명의 자연은 이음Fügung이며 승화로서, 섬과 섬은 바다라는 전체에 어우러져 손에 손잡고 춤추며 뛰노는 어린아이와도 같다. 마음의 노래, 섬의 한가운데서 '나'는 알 수 없고 말할 수 없는 황홀경을 느낀다. 다음 시의 경우, 길('맨발')이 (빈)집으로 치환된다.

몇 년 만에 찾은 고향 빈집
철 대문이 녹슨 자물쇠 하나 걸고
화난 듯 무겁게 버티고 있다
자물쇠를 달래느라 열쇠를 끼워
이리저리 돌리며 그의 입을 겨우 열었다
앗, 어머니 발걸음 소리 바빴던 그곳에
주인 허락 없이 들어앉은 새 주인들
빤히 바라보는 시선들에 놀라 비명부터 지른다

마당 블록 틈으로
허리까지 차고 올라온 풀들이 점령하고
그 사이를 안주인처럼 요리조리 다니는
갈색 고양이 무리
마음대로 드나드는 요란한 바람과 기억의 그림자
한쪽 귀퉁이 화려하게 지어놓은 거미의 성
혼자 피고 지는 부추꽃 위로
너울너울 춤추는 흰나비 두 마리

주인 없는 집에 들어앉은 새 주인들의
여유로운 몸놀림에 기가 죽는다
눈치를 보느라 조심스레 한 걸음
안으로 들여놓으며 손님처럼 기웃거린다
다행히 기다렸다는 듯 길을 열어주며
그들만의 부산함으로 적막을 깬다

사람 발자국 소리 없어도
누군가에게 안식처가 된 생기 있는 움직임
그들이 있어 빈집은 빈집이 아니다
계절이 바뀌면 또 새로운 누군가가 와서
그들과 웅성거리는 가족이 될 것이다
비어있어서 더 충만할 수 있는 여유 가슴에 담고
녹슨 자물쇠에게 또다시 기다림의 미안함을 채운다

—「빈집」 전문

오랜만에 시인은 길을 떠나 (고향) 집을 찾는다. 그 집엔 근원으로서 어머니도 없고, 누구도 없다. 녹슨 철대문을 어렵사리 열고 들어가면 뭇시선에 섬찟 놀라게 된다. 운하임리히unheimlich, 즉 '낯익은 것들의 낯선' 풍경이다. 허리까지 차오른 풀이며, 그 사이를 누비는 갈색 고양이들, 바람과 거미, 혼자 피고 지는 부추꽃이며 흰나비로 붐비는, 또 다른 기억의 그림자들… "내가 나 자신과 일치되는 경험의 시·공간"(강남순, 『철학자 예수』)으로서 고향은,

동일자와 타자의 간극이 빚어낸 적막이다. 이 경우 적막寂寞의 '적寂'은 유현幽玄한 태도로 사이를 바라보는 것이어서, "빈집은 빈집이 아"님을 문득, 깨닫는다. "사람 발자국 소리 없어도 / 누군가에게 안식처가 된 생기 있는 움직임"이 그것이다. 더 이상 인간 중심이 아닌, 자연과 생명–생태 중심의 이러한 태도는 비어 있어서 더욱 충만한 마음의 여유에서 발원한다. 아버지와 마음의 소리, 거기엔 언제나 깊은 울림이 있다.

콘트라베이스 같은 큰 울림통을
깊은 강에 묻어놓고
가끔 혼자만의 현을 켜던 아버지
산처럼 넓었던 가슴에도
보이지 않는 옹이 자국 여럿 있었다
살아온 마디마디 굳은살 되어
흔적으로 남을 때
그 속을 파고드는 어린 자식들의
웃음소리는 더 커져만 갔다

석양은 깊어지고
산허리 휘어질 즈음
깊은 속울음 한 번 삼킬 때마다
강에서 둥둥 소리가 난다
저 깊은 곳에서 우러나오는 풍성한 소리

참고 참았다가 터지는 울림이 큰 소리
그건 아버지의 넓은 가슴이 부르는
울음 같은 노래였다

—「깊은 강도 울음은 있다」 전문 ①

뙤약볕 푹푹 찌는 열기에도
나뭇잎 살랑이는 여린 바람 있다
고요 속에서도 보이지 않는 것들의 미세한 움직임
초조한 마음의 소리 보듬으며 살며시 걸어온다

팔랑거리는 노랑나비 날갯짓이
얼마나 큰 움직임인지
얼핏 스친 댓잎 한 장의 흔들림이
얼마나 큰 울림인지

가만히 앉아 마음의 소리 따라가면
먼지 한 점 움직임도 느낄 수 있는 소리 들린다
고요한 마음이 적막을 스친다
바삐 움직이는 개미 한 마리 지축을 흔든다

—「정중동」 전문 ②

①에서 아버지의 현은 울음이자 울림이다. 자식들의 기쁨과 웃음의 뒤안길에는 언제나 보이지 않는 가장家長으로서 아픈 상처와 눈물 자국이 있다. 아버지라는 깊은 강도 울음은 있다. 그 깊은 곳에서 우러나오는 속울

음은 참고 기다리다 마침내 터져 나오는 울림으로서, 노래라는 현존재Dasein이다. 아닌 게 아니라, 소리를 뜻하는 산스크리트어 '나다Nada'는 '수소' 또는 '울부짖는 소'를 의미한다. '나다'의 본래 의미가 강-흐름이라면, 그 강은 아주 많은 소리를 지니고 있다. 세상의 모든 소리는 강의 우는 소리에 다 들어 있다.(참조. 헤세, 『싯다르타』) 강이, 석양이 깊다. 콘트라베이스의 울림통은 더 크고 깊다. 깊은 것이 모두 현玄이라면, 현은 '보다 많은 생mehr Leben', '생 이상의 것mehr als Leben'을 나타내며, '아름답고 깊고 먼 것들'의 소리 심상을 내포한다. 다음의 예는 이번 시집에 빈번하게 노출되어 있는 소리 심상들이다.

· 땅 위에 내려앉은 / 어둠의 서걱거리는 소리 … 더 많은 생의 흔들리는 소리들 (「보이는 소리로 가는 중」)
· 먼지 한 점 움직임도 느낄 수 있는 소리 (「정중동」)
· 내리는 눈발 위로 사락사락 / 어머니 목소리 (「소나무 한의사」)
· 맑고 청아한 절간 풍경 소리 (「풍경 소리」)
· 각의 울음소리 (「각」)

여기서 소리는 사물과 마음의 소리이며, "더 많은 생의 흔들리는 소리"이다. "메마른 내 몸속에는 아직 무수히 많은 길들이 / 흔들"(현담, 「하마단」)리듯이, 시인은 지금 소리를 듣는다, 아니 본다. 자연과 생명의 빛에서 소리로의 이행은 ②에서 "먼지 한 점(의) 움직임도", 미세한 소리도 놓치지 않는다. 실재의 숨은 깊이, 그것은 보이는 것 속에서 보이지 않는 것을 살피며, 정중동의 세계와 마음의 여유를 알고 느끼는 데 있다. 가시와 비가시, 정과 동은 따로 분리되어 있지 않고 이어져 있는 법. 현의 시는 사라지는 방식으로 나타나며 나타나는 방식으로 사라진다. 이를 몸소 체득할 수 있을 때, 빛은 소리의 다른 명명이 된다. 마음의 사물, 사물의 마음을 알고 느끼는 것. 팽이가 그렇듯, "고요 속에서도 보이지 않는 것들의 미세한 움직임"을 포착하는 것, 즉 "팔랑거리는 노랑나비 날갯짓이 / 얼마나 큰 움직임인지 / 얼핏 스친 댓잎 한 장의 흔들림이 / 얼마나 큰 울림인"가를 충분히 교감하고 음미하는 자가 시인이다. 하여 지관止觀의 태도와 방법으로서 고요의 음감-음역은 시인의 요건이 된다. 근원을 돌아보는 자리로서 고요는 일상이 비상화되는 순간이다. 고요의 소리, 마음의 소리는 평정심이 아니라 일상의 굴레와 굴레 사이에 있다. "사이는 차이를 생성하는 깊이로서 사건"(김동규, 『하이데거의 사이-예술론 : 예술과 철학 사이』)이고 현상이며, 존재의 다른 명명이다. 그 사이와 차이의 인간-시인이 자연과 조화를 이루는 것을 '천화天和'라 한다. 그렇다면 화和를 아는 것이 곧 상常이 된다. 화和는 결코 단선적이지 않으며, 모든 것이 뒤섞여 있고 반죽된, 접속and의 사태를 말한다.

다시 '나'는 깨닫는다. 앞서 빈집이 빈집이 아니(「빈집」)듯, 각이 각이 아니다. 시인은 칼날 같은 "모서리에(서) 폐부를 찔리는 느낌을 받는다." "어릴 적 모서리에 이마를 받혀 다쳤던 기억" 때문이다. 우리가 사는 세상과 인간 관계는 항용 모가 나 있게 마련이다. 이 모나고 각진 삶에서 "얼마의 시간을 갈고닦아야 / 경계 없는 저 하얀 낮달처럼 부드러워질까". 오래 사유하고 성찰하는 동안 '나'의 각角은, 각의 울음소리는 깎고 깎이며 새삼 깨닫게 된다.("각각까깎깍깍") 하면서 이는 또 다른 각覺이 되어 원圓으로 화한다.("내가 보지 못하는 동안 제 살을 깎고 있는 / 사각 물건들도 날카로웠던 곳이 닳고 닳아 / 내 마음보다 먼저 부드러워지고 있다", 「각」). 부드러움의 원은 홍시처럼 둥글고 달고 붉다. 그리고 이 각과 각의 동음이의어homonym는 「감感」("까치밥으로 남겨둔 감이 / 가지 끝에 위태롭게 달려 / 물렁해진 몸에 균형을 잃고 / 툭, 떨어졌다 // 나의 삶도 점점 감을 잃어간다 / 음식을 하면 짠맛이 나고 / 고슬했던 밥은 진밥이 되기도 한다 / 더듬이처럼 감으로 하던 일들이 / 중심을 잃는다 // 붉은 감이 익어가는 것도 / 빛깔의 감이 정해주는 것 / 삶도 감이 있어야 / 제대로 익은 감이 된다 / 감으로 상태를 알고 감으로 이해한다 / 뭐라 딱 부러지게 말 못하는 / 감들이 홍시처럼 물렁해지지만 / 그 안엔 가장 단맛 나는 햇살이 녹아있다")에서도 충분히 확인된다. 무릇 한 편의 시에서 요구되는 것은 이러한 말과 삶에 대한 사유와 미적 감수성이다. 생生은 감感이다. 각覺이다. 감[柿]과 감感, 혹은 사물의 느낌, 느낌의 사물이 돋보이는 이 시에서 '나'는 가지 끝에 위험하게 매달려 있는 감을 본다. 각을 본다.

"(감이란) 언어는 모든 것 중에서 가장 뛰어나고도 위험한 존재"(횔덜린)이다. 존재의 가지 끝에서 종내 떨어지고 만 과일을 보며, '나'는 균형 감각을 상실해가는 자신의 삶을 돌아본다. 앞의 두 편이 소리의 시편이라면, 「감感」은 빛의 시편으로서 "가장 단맛 나는 햇살"로 규정된다. 감感은 중심이고 홍시처럼 보다 유연한 것이며, 어떤 묘리妙理를 깨치는 마음의 작용이다. 그 묘리는 빠르고 숨 가쁜 삶에서 언제나 느림의 말을 건넨다.("팔딱거리던 시간이 그리워 / 다시 꿈틀거려 보려는데 / 느리게 가라고 무거운 몸이 가르친다", 「그냥 그렇게」) 그리고 김인강의 시는 일상의 평이한 말과 삶 가운데서도 보다 예각적인 데가 있다. 다음 시편이 그 가운데 하나다.

설거지를 하다가 아끼던 유리컵을 깼다
시원한 물로 가슴을 열어주던 얇은 잔 끝은
입술이 대일 때마다 짜릿함을 안겨주었고
손에 전해오던 투명한 촉감은
시스루처럼 감출 수 없는 사랑이었다

조각난 나의 사랑은 두려움이 되고
헤어지기 싫은 듯 보이지 않는
입자 하나가 살 속을 파고들었다
수년간 물만 채워주던 일이
너의 본분인 줄 알았는데
사랑도 진하면 비명이 인다
똑같이 생긴 유리컵 하나를 꺼내
안개에 싸인 붉은 장미를 꽂는다
물을 마실 때는 몰랐다
꽃을 품고서야 비로소 보인다
가시 돋친 뾰족한 모습이어도
너를 환히 보여줄 때 더 아름답게 빛난다는 걸

—「유리컵」 전문

내면의 풍경을 그린 이 시에서 유리컵이 유리컵이 아닌 것은, 물이 꽃으로 화化하면서부터이다. 즐겨 마시던

물컵이 깨지고 동종의 컵에 다시 (장미)꽃을 가져다 놓는다. 물빛이 더 환한 꽃빛으로 변모한다. 꽃이 있는 유리컵은 "신선의 삶이 따로 없는 / 석실의 문"이자, "하늘로 통하는 자리"(「동천석실洞天石室」)이다. 깨진 유리의 가장자리 같은 장미 가시는 이제 꽃과 향기에 가려져 존재감을 잃고 만다. "꽃을 품고서야 비로소 보"이는 아름다움은 "물을 마실 때는 몰랐"던 사실. 딴은, "천지를 둘러싼 사람 꽃"이 "슬픈 꽃"인 것은, "천지의 반엔 고요가 깃들고 / 남은 반쪽엔 활기차게 웅성거리는 소리들"(「백두산 천지」) 때문이다. 이 고요한 흐름, 슬픔과 아름다움의 점이지대가 서정시의 매혹이다. 장미의 진한 사랑이 비명이라면, "꽃은 술이 되고 춤이 되어/ 엷은 바람꽃을 낳"(「진달래」)는다. 깨진 유리컵을 통해 새롭게 알게 된 또 다른 진실은 사물 이전의 '나'를 전율케 한 경험과 감각에서다.("입술이 대일 때마다 짜릿함을 안겨주었고 / 손에 전해오던 투명한 촉감은 / 시스루처럼 감출 수 없는 사랑이었다") "입자 하나가 살 속을 파고들었"던 유리가 유리가 아닌 것은, 고통이 사랑으로 승화한 때문이다. 고통과 사랑, 물과 꽃, 혹은 무無와 유有 사이는 언제나 미궁이다. 유리컵이 현실과 꿈의 가교라면, 유리琉璃는 닫힌 열림의 문이자 창인 것을.

3.

김인강의 시에는 아이비와 슬피꽃의 비밀이 있다. 숲의 내면과 꽃이 되는 길이 있다. 그 마음의 빛과 소리가 빚어낸 서정의 시와 세계는 오월의 장미처럼 햇살에 바로 드러나기도 하고, "아무도 모르는 꽃과 잎의 비밀스런 만남"처럼, 혹은 "깊고 깊은 속울음의 인연"처럼 에움길에서 만나기도 한다. 보이는 사물과 보이지 않는 마음 사이에 자리해 있는 그것은 빛과 소리, 색채와 향기, 가시와 비가시, 풍경과 상처, 울음과 울림, 생명과 사이가 한데 어우러져 불협의 화음을 이루고 있다. 농農의 시인 김인강이 부르는 별의 노래, 별의 마음은 이제 온전히 누리는 자의 것이다. 이번 시집은 비교적 평이한 진술과 묘사가 많이 눈에 띄지만, 그 이면에는 전경과 배후를 잇는 실재의 숨은 깊이와 정서적 감응이 있다. 가만히, 또 깊이 빠져드는 가운데 읽으면 읽을수록 주어지는 자연과 생명의 기운, 인간의 희비와 애락이 있다. 다만 밀도 있는 구성과 견고한 언어, 미의식과 모던한 서정 등은 별도의 과제로 남겨 둔다. 노을 꽃이 지고, 새벽하늘의 별이 뜨기까지 찰나가 너무 길다.

광활한 은하계의 빛들이 들썩이는 밤 / 별 하나가 꿈틀거린다 / 검은 별은 어제 그 자리가 아니었다 / 발끝에서 머리끝까지 / 반짝이는 세포들을 툭툭 건드리며 / 휘젓고 찢으려 한다 / 요동치지 않으면 고요해지지 않는 기질 / 회오리를 몰고 와 자신의 수영에 / 걸림돌이 되는 것들을 빠뜨리고 있다 / 물살과 물살의 부딪침은 / 들리지 않는 비명 속에 블랙홀로 바뀌고 / 날마다 조금씩 불어나던 몸집은 / 욕망의 집착과 함께 블랙홀 속으로 들어간다 / 제가 파놓은 덫에 걸려 비명을 지른다 / 별빛 하나 꺼졌다 / 샛별이 뜨기까지의 찰나가 길다

—「욕망의 블랙홀」 전문

그루시선 111

꽃이 되는 길

초판 1쇄 발행 2024년 7월 25일

지은이 김인강
펴낸이 이은재

펴낸곳 도서출판 그루
출판등록 1983. 3. 26(제1-61호)
주소 42452 대구광역시 남구 큰골 3길 30
전화 053-253-7872
팩스 053-257-7884
전자우편 guroo@guroo.co.kr

ISBN 978-89-8069-507-2